CRISI

Un capolavoro di Ingmar Bergman

Saggio

Salvatore M. Ruggiero

1

Crisi
(1946)

(Titolo originale: Kris

titolo in inglese: Cris)

a tutti quelli che sono in ...crisi,
anche senza saperlo.

Una frase:

"9 aprile 1970. Papà è morto (...) Mi è difficile spiegarmi l'impressione che m'ha fatto il suo volto. In verità era del tutto irriconoscibile. Più che altro ricordava le immagini dei morti nei campi di concentramento: era uno dei volti della morte: Penso a lui da una disperata lontananza, ma con tenerezza. Oggi Ingmar Bergman è infelice, nonostante la dolce luce sul mare. Il desiderio che qualcosa riesca finalmente a toccarmi, il desiderio di ricevere la grazia.[1]"

---

1   Ingmar Bergman, *Lanterna magica.*

PRESENTAZIONE

L'esordio alla regia di Ingmar Bergman, all'età di ventisette anni, viene da tutti individuato nel lungometraggio *Crisi*[2], il suo primo vero film intero, del quale firma anche la sceneggiatura.

Ma il suo vero esordio nella regia cinematografica dovrebbe essere fatto risalire all'anno precedente.

Con l'incarico *pro tempore,* ricevuto dalla direzione, a dirigere una manciata di fotogrammi del film *Spasimo*[3] (film nel quale fu anche sceneggiatore e segretario di edizione).

In pratica Ingmar Bergman diresse solamente la scena finale,

---

2   *Kris*, 1945.
3   *Hets*, 1944.

in sostituzione del regista titolare Alf Sjoberg, impegnato altrove.

"Quando il film era quasi terminato, ci fu il mio esordio come regista. Spasimo *finiva, in realtà, con il superamento dell'esame di maturità da parte di tutti, eccetto che di Alf Kiellin, il quale usciva dal retro con la pioggia. Caligula era in piedi e salutava con la mano dalla finestra. Tutti dissero che questo finale era troppo oscuro. Così dovetti scrivere ancora una scena, che si svolgeva nell'appartamento della ragazza morta, dove il preside della scuola redarguiva Kiellin, mentre Caligula, da perdente impaurito urlava giù per le scale. La stessa scena finale mostra Kiellin nella luce del mattino, mentre*

s'incammina verso la città che si sveglia. Questi ultimi esterni ebbi l'ordine di girarli io, perché Sjoberg era impegnato altrove. Furono le mie prime immagini professionali. Ero pazzo dall'eccitazione.[4]"

Quella fu un'esperienza, breve ma intensa, e comunque importante.

Come nasce *Spasimo* lo racconta lo stesso Ingmar Bergman.

Alla Svensk Filmindustri si era deciso di realizzare una speciale produzione commemorativa della stagione '44-'45. L'azienda compiva 25 anni. Si dovevano fare sei film di qualità. Tra i registi ingaggiati c'era anche Alf Sjoberg. Mancava però una sceneggiatura adatta. Allora Stina

---

4   Ingmar Bergman, *Immagini.*

Bergman[5] si ricordò di *Spasimo*.

Il film narra la storia di un professore, che i suoi allievi hanno soprannominato Caligola, per via dei suoi modi di fare bruschi e violenti.

Per l'occasione l'attore che lo impersonava, Stig Jarrel, fu truccato in modo che somigliasse a Himmler, il gerarca nazista della Gestapo.

Appena dopo la guerra, nell'eco ancora freschissima degli orrori nazionalsocialisti, il film riscosse naturalmente il plauso e l'apprezzamento degli antinazisti e vinse anche un premio al Festival di Cannes nel 1946, il primo del dopoguerra.

---

5 Era la vedova dello scrittore Hjalmar Bergman e dirigeva il reparto sceneggiature alla Svensk Filmindustri.

"Dei sei film prodotti per il giubileo, Spasimo fu l'unico ad avere successo.[6]"

Dopo questo avventuroso esordio Ingmar Bergman colse la grande occasione offertagli dal direttore della Svensk Filindustri, che gli sottopose come soggetto l'opera di uno scrittore danese, un dramma a firma di Leck Fischer: *La bestia madre[7]*.

In 14 giorni e 14 notti il giovane Bergman scrisse la sceneggiatura commissionatagli dal direttore della Svenk Fimindustri, Anders Dymling.

Più tardi avrebbe confessato candidamente: *"Se me lo avessero chiesto, avrei sicuramente tratto*

---

6 Ingmar Bergman, *Immagini*.
7 *Moderhjertet*.

una sceneggiatura anche dalla guida del telefono.[8]"

Il film venne realizzato tra mille difficoltà.

E' il primo lungometraggio e si vede, nel bene e nel male.

Ingmar Bergman nella direzione è abbastanza incerto e inesperto, al punto che la casa di produzione gli affianca Alf Sjoberg, anziano ed affermato regista, che segue Ingmar Bergman come un'ombra e non è certo prodigo di buoni consigli.

Sul set si verificano, ad ogni modo, contrattempi, lungaggini, ritardi.

Gli attori forniscono, quasi tutti delle performances disastrose. Grazie anche ad una affazzonata

---

8   Ingmar Bergman, *Immagini.*

costruzione del melodramma.

Dulcis in fundo si verifica anche qualche incidente, uno dei quali risulta particolarmente grave.

Durante l'allestimento delle riprese della scena del suicidio di Jack, in strada, sotto l'insegna del salone di bellezza, ci fu un incidente nel quale si ferì gravemente un aiutante che doveva scaricare a terra una pesante cinepresa dalla quale invece fu schiacciato dopo essere caduti entrambi dall'alta piattaforma sulla quale era stata posizionata per una ripresa dall'alto, che peraltro si vede nel film.

Il malcapitato fu trasportato in ospedale dalla stessa ambulanza che avrebbe dovuto soccorrere, caricare e trasportare il "suicida".

Tra le maestranze, questo ed altri episodi, ai quali si aggiungono delle riprese disastrose e un pesante carico di superlavoro, diffondono il malumore.

Insomma siamo lontani dalla famosa frase del Maestro che conteneva la sua dichiarazione d'intenti artistica: *"Ogni forma di improvvisazione mi è estranea... Il cinema è per me un illusione progettata fin nei minimi dettagli, lo specchio di una realtà che quanto più vivo più mi appare illusoria.[9]"*

Con queste premesse non deve stupire che il film fu un fiasco nelle sale e portasse alla inevitabile rottura di Ingmar Bergman con la casa di

---

9 Ingmar Bergman, *Lanterna magica.*

produzione, facilitata dalle enormi spese di allestimento che lievitarono a dismisura rispetto ai piani preventivi.

Non ci sono in questo film nemmeno le avvisaglie dei temi che Ingmar Bergman affronterà nei sui film successivi, quelli che lo portarono al successo.

Non si parla di Dio; non c'è la ricerca della religiosità, della spiritualità e della fede; la paura della morte non è presente, se non sullo sfondo, come inevitabile effetto della malattia mortale di Ingeborg, l'insegnante di piano, affetta da cancro.

Che, peraltro, ne morirà.

Nel film Ingmar Bergman si concentra sulle persone e sui loro caratteri, mostrando anche le difficoltà dei rapporti interpersonali. Ed infatti fa la sua apparizione il problema della falsità e della finzione nei rapporti fra le persone.

Jack, l'attorucolo amante, prima dell'anziana Jenny, dalla quale si fa mantenere poi di Nelly, che seduce con uno stratagemma, è il primo fra i personaggi bergmaniani ad indossare la maschera; quindi anche il primo a velare la sua naturale ambiguità. Espediente che gli serve chiaramente per sopravvivere.

E anche per condurre una vita al di sopra delle sue possibilità, da saprofita, alle spalle di Jenny, che lo ospita anche nella sua casa.

Anche la madre di Nelly adotta una mezza maschera: se da una parte è veramente e sinceramente attratta dall'idea di avere una figlia abbandonata e cresciuta da altri (essendosi affrancata, così, dal principio espresso nel vecchio latinetto: *cuis commoda et eius incommoda),* dall'altra è spinta dall'idea pragmatica che la figlia ritrovata possa darle una mano , o, addirittura, avvicendarla alla guida del salone di bellezza.

Nel film nonostante queste falle s'intravede, tuttavia, qualche bagliore della successiva arte del Maestro svedese.

La tecnica della *"mise en abyme"*[10] ad esempio. La storia raccontata nella storia; il sogno vissuto nel sogno. Che Ingmar Bergman realizza con l'adozione di una voce fuori campo: un po' quello che avviene in teatro

---

10 Jacques Mandelbaum, *Ingmar Bergman, I maestri del cinema. Cahiers du cinema.*

quando si sta aprendo il sipario sulla scena.

Il film si inizia infatti con una musica dai toni drammatici, la panoramica mite di una bella cittadina di provincia, con l'immancabile alto campanile a svettare sullo sfondo, e una voce maschile fuoricampo, altrettanto drammatica, che tratteggia così le coordinate della storia.

"La nostra è una piccola città che bagna i sui piedi nel fiume e si addormenta dolcemente nel verde. Non c'è neanche la ferrovia a rompere la dolce calma di questo idillio. Non c'è industria o porto a disturbare la pace del giorno o ad infrangere il silenzio della notte. L'unico evento della giornata è l'arrivo della corriera, che porta i giornali, la posta e

qualche volto forestiero: volti che portano i segni di una vita frenetica e pericolosa. Oggi con la corriera è giunta qui da chissà dove una donna. Di lei non si sa nulla e il suo aspetto è scandaloso. Vesti, volto, unghie e cappello, nonché gli occhi, ogni suo lato porta i segni di una vita nella grande città. Comunque i più astuti di voi possono ben immaginare cosa questa signora sia in grado di scatenare. Si tratta di una tal Jenny che dopo diciotto anni è tornata dalla figlia Nelly che aveva affidato alle cure della signora Ingeborg Johnsson. Molti concordano con lo zio Edward medico di Ingeborg quando dice: questo sarà un brutto colpo per la povera Ingeborg. La signora Ingeborg è

17

un insegnante di piano e affitta una sua stanza a un veterinario che si chiama Ulf ma che lei usa spesso chiamare Uffe. La nostra storia comincia qui, non la definirei un dramma straziante, piuttosto un dramma quotidiano: dunque è quasi una commedia. E ora ... sia apra il sipario."

SINOSSI

La storia raccontata nel film è molto semplice e lineare.
Ridotta all'osso la trama racconta di una giovane diciottenne adottata che ritrova la madre, la segue in città e dopo qualche cocente delusione torna dalla donna che l'ha cresciuta e finisce per sposare l'uomo che l'ha sempre voluta in silenzio.
In un piccolo villaggio costiero, senza ferrovia, senza industrie e senza porto, abitato da una comunità conservatrice e pettegola, la vita scorre tranquilla.
L'unico fatto importante della giornata è l'arrivo puntuale della corriera in piazza.
Con quella un giorno arriva in

paese Jenny (interpretata da Marianne Lofgren), donna mondana, di città, con un portamento che la gente del luogo, morigerata ma pettegola, individua subito come troppo moderno e cittadino, se non addirittura scandaloso.

Jenny è anche la madre naturale della diciottenne Nelly (interpretata da una giovanissima, quasi esordiente Inga Landgrè, uno dei volti femminili più noti e sfruttati nei primissimi film di Ingmar Bergman) che, fin da bambina, è stata allevata dall'insegnante di pianoforte Ingeborg Johnson (Dagny Lind, attrice imposta alla produzione da Bergman, matura ma proveniente dal teatro, e senza grande esperienza cinematografica, che creò non pochi problemi alle linearità e alla efficacia delle riprese), una donna semplice, morigerata, sola e ammalata di cancro.

Così si racconta la stessa Ingeborg nella sceneggiatura del film: *"La nostra è una piccola cittadina di provincia, in cui una maestra di piano, come sono io, ha deciso, molti anni addietro di prendersi in casa una ragazza. Nelly, la cui mamma non poteva all'epoca farla crescere convenientemente. Ma adesso il mondo mi crolla addosso: Jenny - questo è il nome della madre - ha deciso di riprendere con sé la ragazza, in città, dove vive facendo l'estetista. Intanto io peggioro, e finisco per ammalarmi gravemente. Con la malattia acuisco anche i tratti del mio carattere, e divento possessiva, rancorosa nei confronti di Jenny, che mi ha portato via Nelly; e anche nei confronti di Nelly perché mi ha abbandonato proprio adesso, con tutto quello che ho fatto per lei nel passato, quando era sola al mondo e indifesa."*

Ingeborg come racconta lei stessa, insegna pianoforte ai bambini e, per arrotondare le scarse entrate, ospita in una stanza della casa un giovane veterinario di nome Ulf, che spesso chiama con confidenza Uffe (interpretato da Allan Bohlin).

Un avvenimento banale, che dalla comunità viene, però, giudicato scandaloso e la contemporanea offerta della madre a trasferirsi con lei in città, inducono Nelly a partire.

La voce fuori campo narra.

"Al risveglio della città domenica mattina una nuova sensazione si aggiunse a quelle consuete. Le teiere bollivano nelle case e dicevano: qualcosa di orribile è accaduto ieri al ballo. C'erano dei forestieri. E' stato un ballo scandaloso come non mai. Ed è accaduto qualcosa a Nelly della signora Johnsson. Una cosa scioccante ed inspiegabile che ha reso imbarazzante la presenza di Nelly in città... dopo un simile scandalo."

Anche due signore comuni, incontratesi casualmente, parlano per strada dell'accaduto.

"Tu che cosa hai sentito Malin...? Beh! Che la signorina Nelly ha

suonato la tromba al ballo! Non è stupefacente non avendola mai suonata prima?

Non l'ho mai sentita suonare la tromba.

Infatti non era una tromba.

Allora era un organo?"

Trasferitasi in città dalla madre naturale, Nelly sembra iniziare una nuova vita.

Una nuova vita che le sembra subito migliore della vecchia.

Forse è solo più brillante, ma anche meno piena di umanità e di buoni sentimenti, ai quali lei era abituata.

Una delle scene clou del film vede il dialogo serrato tra Jack (interpretato da Stig Olin anche lui molto presente nei primi film di Bergman e padre di Lina Olin, anch'essa attrice bergmaniana e giovane interprete del film *Dopo la prova*[11]) e la signora Ingeborg Johnson.

Si svolge nella sala d'aspetto della stazione, dove la donna è in procinto di prendere il treno che la riporterà in paese dopo una fugace visita a Nelly.

Jack incontra casualmente sotto casa la signora Ingeborg, la riconosce, le si presenta, le strappa di mano la valigia e molto galante si offre di accompagnarla alla stazione.

Jack: *Ecco il suo biglietto, e questo è per il vagone letto, e dei dolci. E una rivista.*

Ingeborg: *Grazie per l'aiuto è stato molto gentile.*

Jack: *Di nulla.*

---

11 *Efter repetitionen,* 1984.

Ingeborg: *Ma non resti qui a perdere altro tempo.*

Jack: *Più tempo perdo meglio sarà.*

Ingeborg: *Non va alla festa insieme a Nelly?*

Jack: *Non è quello.*

Ingeborg: *No?*

Jack: *Non è indiscreto da parte sua chiedermelo.*

Ingeborg: *Cosa dovrei chiederle?*

Jack: *Ma Jenny verrà a quella festa? Così io le dirò: no, non verrà... Tutto è stato confuso. Finché non ho incontrato la sua ragazza. Dico la sua perché lei l'ha cresciuta. Anche se è stata Jenny a metterla al mondo. Beh... da allora non sono più una creatura lunare in una vita lunare. Mi capisce?*

Ingeborg: *Veramente non molto.*

Jack: *Non è semplice da capire lo so. Ma ciò che voglio dire...*

Ingeborg: *E' innamorato di Nelly?*

Jack: *Non è questo. Non si tratta di questo... Io non posso innamorarmi. Sono già innamorato di me stesso. Ma Nelly... in qualche modo è vera. Lei sa cosa voglio dire?*

Ingeborg: *Si lo so.*

Jack: *E' così vera che io con lei divento irreale. E comincio a chiedermi perché vivo come un fantasma.*

Ingeborg: *Forse ora capisco.*

Jack: *Lei per me potrebbe essere la mia ancora nella realtà. Per il mio bene. Tutto qui. E' un punto di vista egoistico.*

Ingeborg: *Ma c'è un prezzo da pagare per questo.*

Jack: *Oh si. Se uno prende senza mai dare poi la punizione è estremamente severa.*

Ingeborg: *Posso avere una sigaretta. Le sue parole mi turbano.*

Jack: *Certo. La prenda.*

Ingeborg: *Grazie.*

Jack: *Devo dire che io l'ammiro.*

Ingeborg: *Mi ammira?*

Jack: *Lei ha dato e dato senza mai pensare a se stessa.*

Ingeborg: *Lei crede?*

Jack: *Nelly parla sempre di lei: Le vuole molto bene. E un giorno tornerà da lei e le restituirà il suo bene. Allora io e Jenny dovremo pagare. Jenny vive a mie spese. E io vivo a spese di Nelly. E' un meccanismo infernale. Dobbiamo mostrarci contenti di avere il suo sostegno. E le dirò un'altra cosa.*

28

Stasera mi toglierò questo vestito a strisce. Ne farò un pacchetto e lo spedirò a Jenny. E mi chiedo cosa farò subito dopo. Indosserò i miei vecchi vestiti. E lascerò Jenny e tutto quello che la circonda. Vivrò in un sottoscala dove può brillare la luce della luna. Guarderò fuori i campi irrorati, la baia e due grandi fabbriche di grano. Bene, ora dobbiamo sbrigarci se non vuole perdere il treno.

Si alzano entrambi dalla panchina sulla quale sono seduti e Jack accompagna la signora Ingeborg al treno.

Ingeborg si rivolge ancora una volta a Jack: *Grazie per la compagnia.*

Jack: *Di nulla davvero.*

Ingeborg: *Cerchi di volere bene*

alla mia ragazza. Lei la vede come una... Non so dire se sia innamorata o no. Sono preoccupata. Sta per accadere qualcosa ma non so cosa.

I due vengono bruscamente interrotti dall'altoparlante che invita i passeggeri a salire sul treno.

La visita alla figlia adottiva, la paura della solitudine, della malattia e della morte, durante il viaggio notturno in treno, riaprono nella mente della donna nuove ansie e antichi ricordi che sembravano ormai sopiti. Molto probabilmente la crisi del titolo è quella che colpirà Nelly al culmine della malattia; oppure sono le continue crisi provocate dalla sua perenne mancanza di denaro.

Oppure, ancora, la crisi è quella della finta coscienza lunare di Jack che, in una delle altre scene topiche del film, ammannisce a Nelly il gran segreto di non sopportare più il peso di un presunto omicidio col gas della sua ex fidanzata.

Omicidio che intende confessare e per il quale intende finalmente pagare.

Nelly: *Povero Jack.*

Jack: *Certo... certo.*

Nelly: *Ma vedi non devi dispiacerti per me, se nella vita si vogliono delle cose bisogna essere pronti a pagarne il prezzo.*

Jack: *Questo non mi impedisce di godere della tua dolcissima compassione.*

Nelly: *Vorrei poterti aiutare.*

Jack: *Tu puoi aiutarmi Nelly.*

Nelly: *E come?*

Jack: *Prendimi per mano, portami dalla polizia e dì: questo ragazzo deve confessare che è un assassino. L'agente di polizia allora si alzerà in piedi e dirà: Assassino? Sì, gli risponderai! Ha ucciso la ragazza con cui viveva. Era incinta. Lui ha aperto il gas. E ha fatto in modo che sembrasse un incidente. E' stato molto astuto... molto.*

Nelly: *E non hai rimorsi?*

Jack: *Non posso farci niente, Nelly.*

Nelly: *Verrò con te dalla polizia. Te lo prometto.*

Jack: *Domani?*

Nelly: *Si... domani.*

Jack: *Sei così dolce con me Nelly.*

Nelly: *No.*

Jack: *Posso baciarti?*
Si baciano, sul letto. Jack confessa il suo amore per la ragazza e, probabilmente fanno l'amore.

Ma il racconto che Nelly ha appena ascoltato da Jack potrebbe anche essere una pura invenzione. Un escamotage che il giovane usa per far capitolare le donne che insidia.
Il dubbio viene insinuato da Jenny nella mente di Nelly che è stata appena sedotta dall'uomo. Smascherato da Jenny, Jack dichiara di volersi allontanare dalle due donne e di abbandonare la loro casa.
Vuole farla finita, nessuna delle due donne gli crede.
Ma lui, quasi impazzito, esce in

strada e si spara sotto l'insegna luminosa del salone di bellezza. Nelly, smarrita e piena di dolore, decide di tornare in paese, a casa da Ingeborg, la madre adottiva. Li incontra Ulf che finalmente le si dichiara.

L'inaspettato ritorno in casa di Nelly ridà ad Ingeborg una relativa tranquillità e anche la forza di affrontare la malattia e la sicura morte.

RECENSIONE

Certamente *Crisi* è un film fatto di volti e di espressioni. Il volto malato e l'espressione compassionevole di Ingeborg; il volto ingenuo e l'espressione dolce di Nelly; il volto finto e l'espressione astuta di Jenny; il volto lunare e l'espressione vissuta di Jack; il volto serio, perennemente accompagnato da un'espressione matura, di Ulf.

Magnifico esordio nel lungometraggio di Ingmar Bergman.
Nel quale conta molto la sua pregressa esperienza negli allestimenti teatrali.
Ma non è un *kammerspielfilm*, ci

sono molti interni ma anche molti esterni: direi che vengono sapientemente alternati.

Da regista cinematografico egli trova un nuovo modo di montare le scene e di rappresentare la finzione con un costante, certosino e pratico lavoro tra "campo" e "fuori campo". Molte riprese sono piatte sugli attori, c'è qualche *dolly*, panoramiche, qualche campo lungo, riprese dall'alto e, naturalmente, molti primi piani.

Tutto sommato *Crisi* è un ottimo film sulla difficoltà dei rapporti "malati" tra le persone; sulla compenetrazione tra finzione e realtà (tema assai caro a Ingmar Bergman); sulla verità e sulla menzogna (che si raccontino a se stessi e/o agli altri); sull'ingenuità e sull'arte del raggiro (nella quale è maestro l'infido Jack).

Appartiene, ovviamente, al primo ciclo del cinema di Ingmar Bergman, nel quale il regista punta il suo occhio da una parte sui sentimenti intimi delle persone, dall'altra sui problemi e sui guasti socio-economici di un paese appena uscito dalla seconda Guerra Mondiale, semi-isolato dal resto d'Europa e ancora profondamente permeato da un fervido protestantesimo di stampo luterano[12].

---

12 Il padre di Ingmar Bergman, Erik era un pastore protestante luterano.

CURIOSITA'

Qualche curiosità.

Il vero *deus ex machina*, dietro le quinte del film, è l'anziano regista Alf Sjoberg, il maestro che rivestiva ufficialmente anche il ruolo di consulente di studio nella città del cinema e che, di tanto in tanto, appariva sul set, col suo prodigo carico di consigli per il giovane e promettente, ma barcollante, allievo Ingmar Bergman.

Durante la lavorazione del film compare sul set anche Viktor Sjostrom, attore e regista[13], qui nelle vesti di produttore accanto ad Harald Molander, che Ingmar Bergman considererà suo maestro

---

13 Un film per tutti: *Korkarlen* (*Il carretto fantasma*, 1921).

ed utilizzerà come protagonista in due sue film successivi: nel 1950 in *Verso la gioia*[14] e nel 1957 ne *Il posto delle fragole*[15].

Durante la lavorazione del film Ingmar Bergman si trovò in mezzo alla guerra tra la Svensk Filmindustri di Anders Dymnling e la Città del Cinema di Rasunda di Harald Molander.

Quando si trattò di costruire il set della strada nella quale si uccide Jack sotto l'insegna illuminata del salone di bellezza le spese furono talmente gonfiate da causare alla Svensk quasi il disastro economico: si voleva creare, con questo stratagemma ed il conseguente *flop* del film di Ingmar Bergman, un

---

14 *Tjll gladje.*
15 *Smulltronstallet.*

indebolimento politico della leadership di Dymnling all'interno della Svensk Filmindustri.

Gli esterni del film furono girati a Hedemora, Dalarnas Lan mentre gli interni negli stabilimenti della Svensk Filmindustri, Filmstaden, di Råsunda, Stockholms län, dove furono costruite molte scene, compresa la strada sulla quale affacciava l'insegna del salone di bellezza di Jenny.

CONCLUSIONE

Alla luce di quanto si vede nel film mi pare di poter dire che il significato che Ingmar Bergman attribuisce alla parola crisi[16], quindi al titolo del film, va nella direzione che essa ha assunto nella cultura greca classica, cioè di: scelta, decisione, cambiamento, passaggio

Il film fu un clamoroso fiasco al botteghino.

Lo stesso Ingmar Bergman lo ammise anni dopo.

"Crisi arrivò nelle sale cinematografiche nel febbraio del 1946 e fu un fiasco solenne.[17]"

---

16 La parola crisi deriva dal greco κρίση, che significa scelta o decisione.

17 Ingmar Bergman, *Immagini.*

Sebbene lo stesso regista lo considerasse un film tutt'altro che brutto.
Alcuni giorni dopo la prima assoluta del film, squillò il telefono di Ingmar Bergman.
Era Lorens Marmstedt[18].
"Caro Ingmar è un film orrendo - disse *- quanto di peggio si possa vedere! Ora faranno la fila per farti proposte."*
E così fu.
Il film ebbe comunque il merito di far conoscere come regista un giovane Ingmar Bergman e di attirare su di lui gli occhi dei produttori, che videro il germe di un regista se non talentuoso,

---

18 Un amico di Ingmar Bergman, titolare di una piccola casa di produzione cinematografica indipendente molto rinomata.

almeno scrupoloso professionista. La carriera di Ingmar Bergman come cineasta era iniziata.

Ingmar Bergman all'inizio della sua carriera pare dividere il mondo in buoni e cattivi: ha una visione piuttosto manichea della vita.
Gli deriva con molta probabilità dalle lettura del filosofo danese Soren Kierkegaard.
Si è sedimentato in lui uno dei principi fondanti della filosofia esistenzialista kierkegaardiana: il principio della contrapposizione tra l'uomo etico e l'uomo estetico[19].
Nel film *Crisi* tale contrapposizione è marchiana, e

---

19 Soren Kierkegaard, *Aut-aut*.

si impersona in Jack e Ulf.

I due protagonisti maschili.

Jack è il cattivo, il millantatore, l'affabulatore, l'imbonitore, il manipolatore, l'edonista, l'uomo estetico, alla continua ricerca del piacere.

Pagherà il fio della sua superficialità suicidandosi.

Ulf (detto Uffe) è il buono, il mite, quello incapace di fare del male, sembra che sia capace solo di aspettare, lo spasimante perfetto che aspetta in silenzio il ritorno della sua amata, quello che alla fine viene premiato dal destino.

E anche tra le protagoniste femminili pare che Ingmar Bergman renda possibile la stessa distinzione; la stessa differenziazione in categorie morali: da una parte la donna etica, di sani principi, la madre adottiva di Nelly, la signora Ingeborg; dall'altra la donna quasi perduta, costretta a comprare l'amore e l'attenzione di un uomo molto più giovane di lei, la donna che mette da parte l'etica per il successo mondano, la vera madre di Jenny, Nelly.

Contrapposizione che pare quasi possibile cogliere anche tra i posti, tra i luoghi di appartenenza, tra la grande città e la cittadina di provincia.

Da una parte Ingmar Bergman tratteggia la tradizionale, sonnacchiosa, calma e puritana cittadina di provincia; dall'altra la moderna, corrotta, luminosa ma peccaminosa Stoccolma.

Mi pare il caso, quindi, di chiudere proprio con una frase di Soren Kierkegaard.

"Non c'è nulla che spaventi di più l'uomo che prendere coscienza dell'immensità di cosa è capace di fare e diventare."

NOTIZIE SUL FILM

Titolo originale	*Kris*
Lingua originale	Svedese
Paese di produzione	Svezia
Anno	1946
Durata	93 min
Colore	B/N
Audio	sonoro (mono)
Rapporto	1,37:1
Genere	drammatico
Regia	Ingmar Bergman
Soggetto	Leck Fischer *(romanzo)*
Sceneggiatura	Ingmar Bergman
Produttore	Harald Molander, Victor Sjöström
Casa di produzione	Svensk Filmindustri (SF)
Fotografia	Gösta Roosling
Montaggio	Oscar Rosander
Musiche	Erland von Koch
Scenografia	Arne Åkermark

PERSONAGGI E INTERPRETI

Dagny Lind: Ingeborg
Marianne Löfgren: Jenny
Inga Landgré: Nelly
Stig Olin: Jack
Allan Bohlin: Ulf
Ernst Eklund: zio Edvard
Signe Wirff: zia Jessie
Svea Holst: Malin
Wiktor Andersson: musicista
Anna-Lisa Baude: cliente
Julia Cæsar: moglie del sindaco
Gus Dahlström: musicista
Sture Ericson: musicista
Karl Erik Flens:
accompagnatore di Nelly
Holger Höglund: musicista
Ulf Johansson: musicista
Arne Lindblad: sindaco
John Melin: musicista
Dagmar Olsson: cantante

BIBLIOGRAFIA

Ingmar Bergman, *Immagini.*

Ingmar Bergman, *Lanterna magica.*

Jacques Mandelbaum, *Ingmar Bergman, I maestri del cinema, Cahiers du cinema.*

Sergio Trasatti, *Ingmar Bergman.*

Salvatore M. Ruggiero, *Il Genio di Uppsala, Il grande cinema di Ingmar Bergman spiegato a chi lo ignora.*

Aberto Corsani, *Il libro che affiora.*

Claudio Papini, *Ben ritrovato, Ernst Ingmar.*

Soren Kierkegaard, *Aut-Aut.*

INDICE

Pagina   3   Dedica

Pagina   4   Una frase

Pagina   5   Presentazione

Pagina   19   Sinossi

Pagina   34   Recensione

Pagina   41   Conclusione

Pagina   47   Notizie sul film

Pagina   48   Personaggi e interpreti

Pagina   49   Bibliografia

Pagina   50   Indice